MANNOMANN, WAS PAPA KANN

mit Illustrationen von
Marlit Kraus

EMF

EIN BUCH DER
EDITION MICHAEL FISCHER

Mit Papa langweilt man sich nie,
er hat die tollste Fantasie.

Wir angeln Laub im Buddelkasten,
klimpern auf den schwarzen Tasten,

sind mal Räuber und Erfinder,
Ballerinas mit Zylinder,

Gartenforscher, Drachenreiter,
und so weiter und so weiter ...

Wenn Papa kocht, gibt's was zu lachen,
denn er kreiert verrückte Sachen:

Zimtreis oder Erbsencreme
sind für Papa kein Problem.

Wir genießen diesen Schmaus und
Kleckern macht uns gar nichts aus.

Bei Schokoflecken und Spinat
hat Papa immer was parat.

Mein Papa kann SO mutig sein –
er fängt mir jede Spinne ein

und böse Monster unterm Bett
findet Papa ziemlich nett.

Wenn ich denke, ich trau mich nicht,
sagt Papa mir, er glaubt an mich.

Und zeigt mir: das ist gar nicht schwer -
ich kann so mutig sein wie er!

Papa und ich machen zu zweit
jeden Abend Kuschelzeit.

Zum Bücherlesen und Verstecken
kennt Papa meist die besten Ecken.

Leider dauert es bisweilen,
bis ER schläft, nur ein paar Zeilen.

Doch lange schnarcht er nicht allein,
ich stimme schon ganz bald mit ein.

Bei Abenteuern allerlei
ist Papa immer mit dabei:

Wir bauen uns ein Stöckerhaus
und schauen aus den Fenstern raus,

dann fahren wir mit unserer Kutsche auf schnellstem Weg zur großen Rutsche.

Und ich rufe Papa zu:
mein allerbester Freund bist du!

Impressum

Bibliografische Information der Deutschen Bibliothek.

Die Deutsche Bibliothek verzeichnet diese Publikation in der Deutschen Nationalbibliografie. Detaillierte bibliografische Daten sind im Internet über http://www.dnb.de/ abrufbar.

EIN BUCH DER EDITION MICHAEL FISCHER

1. Auflage 2022

© 2022 Edition Michael Fischer GmbH, Donnersbergstr. 7, 86859 Igling

Ilustrationen: Marlit Kraus
Covergestaltung und Satz: Sarah Lukic
Redaktion und Lektorat: Vera Göckelmann, Melanie Kowalski

ISBN 978-3-7459-0337-9

Gedruckt bei Polygraf Print, Čapajevova 44,
08001 Prešov, Slowakei

www.emf-verlag.de

NOCH MEHR BILDERBÜCHER

Hanni hat Nikoläuse

ISBN 978-3-7459-0715-5

Wald der Träume

ISBN 978-3-7459-0661-5

MIT LIEBENSWERTEN CHARAKTEREN

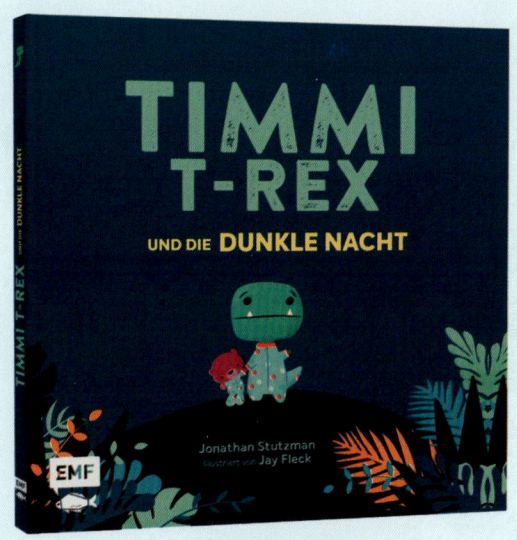

Timmi T-Rex
und die dunkle Nacht

ISBN 978-3-7459-0535-9

Mister O' Lui – Der kleine
Biberbär sucht ein Zuhause

ISBN 978-3-7459-0942-5